STERNZEICHENBIBLIOTHEK

WASSERMANN

21. JANUAR - 18. FEBRUAR

Julia und Derek Parker

Fotos: Monique le Luhandre
Illustrationen: Danuta Mayer

arsEdition

Gewidmet Ann Bronkhorst

EIN DORLING-KINDERSLEY-BUCH

Editor Tom Fraser
Art Editor Ursula Dawson
Managing Editor Krystyna Mayer
Managing Art Editor Derek Coombes
Production Antony Heller
Computer-Layout Patrizio Semproni

Bildnachweis:
S. 11: British Museum, London/Bridgeman Art Library, London
S. 16: Tim Ridley;
Gestaltung S. 28-29: Lucy Elworthy;
Illustration S. 60-61: Kuo Kang Chen.
Umschlagbild: Peter Lawman.
Ein weiterer Dank gilt Carolyn Lancaster und John Filbey.

Ins Deutsche übertragen von Ana Lupas
Printed and bound in Hong Kong

ISBN3-7607-1123-5

INHALTSVERZEICHNIS

EINLEITUNG

WASSERMANN

DER WASSERMANN, DAS ZEICHEN DES WASSERTRÄGERS, IST DAS ELFTE ZEICHEN IM TIERKREIS. WASSERMÄNNER SIND DIE RÄTSELHAFTESTEN UND UNABHÄNGIGSTEN ALLER TIERKREISTYPEN.

Menschen dieses Zeichens haben großes Verlangen nach einem Lebensstil, der auf seine Weise einzigartig ist. Oft sind sie ihm so ergeben und so entschlossen, unabhängig zu sein, daß es ihnen schwer fällt, dauerhafte Beziehungen einzugehen. Zumindest kann eine solche Beziehung erst ziemlich spät im Leben des Wassermanns eintreten.

Zuordnungen

Bei der Lektüre dieses Buches tauchen immer wieder Hinweise auf die traditionelle Zuordnung bestimmter Elemente und Zeichen zu den einzelnen Sternbildern auf.

Die erste dieser Klassifizierungen bezieht sich auf die vier Elemente Feuer, Wasser, Erde und Luft. Die zweite unterteilt den Tierkreis in kardinale, fixe und bewegliche Zeichen.

Die letzte teilt die Sternbilder in aktive männliche oder passive weibliche Zeichen ein.

Jedes Tierkreiszeichen besteht aus einer Kombination dieser Elemente, die ihm seine jeweiligen spezifischen Eigenschaften verleihen.

Kennzeichen des Wassermanns

Angehörige dieses Sternzeichens sind häufig sehr intellektuell, und da der Wassermann ein fixes Zeichen ist, können sie auch sehr stur sein.

Beherrschender Planet ist Uranus, und viele Wassermänner sind richtungsweisend für ihre Zeit oder Leitbilder ihrer Generation. Wegen der fixen Eigenschaft ihres Sonnenzeichens halten sie vielleicht manchmal ein wenig zu starr an den in ihrer Jugend gebildeten Ansichten fest und können dann manchmal den herrschenden Ansichten ihrer Zeit hinterherhinken.

Da der Wassermann ein positives, männliches Zeichen ist, sind in seinem Zeichen Geborene eher extrovertiert.

Die Farben des Wassermanns sind traditionell stahlblau und türkis.

Der Tierkreis

Die Zuordnung der verschiedenen Elemente und Eigenschaften zu den zwölf Sternzeichen zeigt dieses Tierkreis-Rad. Im weiteren Verlauf dieses Buches finden sich auch Hinweise auf einander entgegengesetzte oder polare Sternzeichen. Sie lassen sich ebenfalls aus dieser Abbildung ablesen.

WASSERMANN
MYTHEN UND LEGENDEN

DER TIERKREIS, ENTSTANDEN VOR ETWA 2500 JAHREN IN BABYLONIEN, IST EIN HIMMELSGÜRTEL VON STERNBILDERN, DURCH DIE DIE SONNE IM LAUFE EINES JAHRES HINDURCHWANDERT.

War der Wassermann ursprünglich männlich oder weiblich? Der babylonische Name für Wassermann, *gu.la*, bedeutet zweierlei: »Göttin der Kindesgeburt und Heilung« und »Sternbild des großen Mannes«. Letzteres bezieht sich angeblich auf den Riesen Enkidu im alten Gilgamesch-Epos, ein Mann, der in der Wildnis zwischen Tieren aufwuchs, die seine Freunde wurden. Er widmete sich dem Schutz der Tiere und wurde oft einen Ochsen waschend dargestellt.

Der Gott des Frischwassers

Im alten Babylon gab es einen »Gott des frischen Wassers« namens Ea, auch »Gott der Flüsse« oder »Haus des Wassers« genannt, der in der Stadt Eridu am Persischen Golf gelebt haben soll. Er wurde mit von Armen und Händen strömendem Wasser abgebildet, manchmal auch einen Topf haltend und dürfte das eigentliche Vorbild für die Figur des Wassermanns sein.

Später brachten die alten Ägypter das Sternbild mit dem Gott Hapi in Verbindung, der die Erde mit zwei auf Armen getragenen Gefäßen bewässerte und ein Symbol des Nils war.

Zeus und Ganymed

Beim römischen Schriftsteller Manilius, der im 1. Jahrhundert v. Chr. eine Sammlung astrologischer Mythen veröffentlichte, erscheint hingegen Ganymed, der Sohn des trojanischen Königs Tros, als Vorbild des Wassermanns. Er bezieht sich auf früheste griechische Mythen, in denen Ganymed als die für die Bewässerung der Erde mit Himmelsregen zuständige Gottheit dargestellt wird.

Der bekanntere Mythos von Ganymed erzählt, daß er der schönste Junge auf Erden gewesen sei und Zeus, der König der Götter, sich in ihn verliebt habe. Er verwandelte sich in einen Adler und verschleppte den Jungen in den Olymp, um ihn zu seinem Mund-

Verehrung des Ea

Der babylonische Wassergott Ea, dessen Name »Haus des Wassers« bedeutet, scheint eine der mythischen Gestalten zu sein, aus denen das spätere Sternbild des Wassermanns sich entwickelte.

schenk zu machen, der den Göttern aus einem goldenen Gefäß Wein einschenkte. Als König Tros dagegen protestierte, schickte ihm Zeus als Entschädigung zwei schöne Pferde und erklärte, sein Sohn würde von jetzt an unsterblich und frei von den Sorgen des Alters sein.

Das Symbol des Ganymed

Während Ganymed im Mittelalter als Symbol für homosexuelle Liebe berühmt wurde, symbolisierte sein Himmelsflug in der Renaissance den Aufstieg der Seele ins Unendliche.

Das Zeitalter des Wassermanns

Quasi einen modernen Mythos könnte man das »Zeitalter des Wassermanns« nennen, das in den 60er Jahren durch das Musical *Hair* bekannt wurde.

Alle 2500 Jahre wandert die Erde durch ein Tierkreiszeichen, und diese Epochen sind als »Zeitalter« bekannt. Das Zeitalter des Wassermanns könnte bereits vor einem Jahrhundert begonnen haben oder auch ein weiteres Jahrhundert nicht beginnen – die Ansichten sind geteilt. Eins aber steht fest: Nur wenige Sternzeichen sind so gutaussehend wie Wassermänner.

WASSERMANN SYMBOLE

JEDEM STERNZEICHEN SIND TRADITIONELL BESTIMMTE KRÄUTER, GEWÜRZE, PFLANZEN, EDELSTEINE, METALLE UND TIERE ZUGEORDNET. MANCHES DAVON IST EHER AMÜSANT, ANDERES DAGEGEN FINDEN WIR IN NATURHEILKUNDE UND MEDIZIN WIEDER.

ORCHIDEE

Blumen

Zu den Wassermann-Blumen zählen auch die von Stier und Steinbock regierten, ganz besonders aber Orchidee und Goldrute. Letztere wird oft als Naturheilmittel für innere Schmerzen und Blutergüsse verwendet.

GOLDRUTE

Bäume

Die meisten Obstbäume, wie Birnen- und Pfirsichbaum, werden vom Wassermann regiert.

BIRNBAUM

HOLUNDER

Gewürze

Es gibt keine Gewürze, die speziell dem Wassermann zugeordnet sind, außer Zimt, das als Aroma für Äpfel und andere Früchte verwendet wird, und Pfeffer.

Kräuter

Die meisten Stier-Kräuter sind auch vom Wassermann regiert. Das gilt besonders für Sauerampfer, der Entzündungen bekämpfen hilft, und Holunder.

PFEFFER

ZIMT

WASSERMANN

SYMBOLE

ROH-
AMETHYST
UND
-HALSKETTE

AQUAMARIN

Edelsteine

Der Edelstein des Wassermanns ist der Amethyst. Viele Astrologen schlagen auch den Aquamarin vor, einen blaugrünen Beryll, dessen Farbe Wassermänner besonders mögen.

AMETHYST-
STEINE

ALUMINIUM-
FOLIE

Metall

Das Metall des Wassermanns ist das Aluminium, vielleicht wegen seiner Formbarkeit.

Tiere

Große, weit fliegende Vögel, speziell Zugvögel, werden vom Wassermann regiert.

ADLERFEDERN

GÄNSEFEDERN

ALBATROS

WASSERMANN

PHYSIOGNOMIE

WEIL WASSERMÄNNER SO INDIVIDUALISTISCH SIND, IST ES SCHWIERIG, IHRE MERKMALE ZU VERALLGEMEINERN. NORMALERWEISE SIND SIE SCHLANK UND STEHEN ODER GEHEN SEHR GERADE.

Die Wassermann-Haltung ist gewöhnlich sehr korrekt. Vielleicht benutzen Sie Ihre Hände, um mit eleganten, überlegenen Gesten Ihre Worte' zu unterstreichen. Sie tragen Ihren Kopf hoch erhoben, um Ihre Größe zu betonen.

Der Körper

Vielleicht, weil er ein Luftzeichen ist, vermittelt der Wassermann einen Eindruck von Leichtigkeit, sogar bei Übergewicht. Viele Wassermänner sind ziemlich schlaksig, obwohl sie gewöhnlich viel Fleisch an den Knochen haben. Meist haben sie eine aufrechte, gerade Haltung, einen langen Rücken und eine schmale Taille.

Wassermann-Schultern sind oft eckig und breit, und die Knochen stehen hervor. Die Fußknöchel sind schmal, die Waden lang, und die Arme und Hände sind häufig länger als bei den meisten Menschen. Sie haben einen eher harmonischen Knochenbau. Ihre Gesichtszüge könnten »gemeißelt« aussehen, im Gegensatz zu den runderen Zügen von z. B. Waage oder Stier. Runde Formen sind beim Wassermann-Körper selten. Er ist eher von Linien und geometrischen Maßen geprägt.

Das Wassermann-Gesicht

Feines, gut frisiertes Haar und eckige Gesichtszüge sind typische Wassermann-Merkmale.

Das Gesicht

Wassermann-Geborene haben feines, gut gepflegtes und frisiertes Haar, ihre Stirn ist breit und vermutlich freiliegend. Die Augen des typischen Wassermanns sind blaß und haben leicht hän-

Die Wassermann-Haltung

Eine sehr korrekte und aufrechte Haltung ist typisch für viele Wassermänner. Sie strahlen häufig eine gewisse Würde aus.

gende Lider. Die Nase ist groß, vielleicht sogar ein wenig gebieterisch. Der Mund ist wohlgeformt und stets bereit, ein freundliches Lächeln zu verschenken. Das Kinn gibt dem Gesicht einen Hauch von Würde.

Der persönliche Stil

Wassermann-Geborene kleiden sich meist nach dem neuesten Schrei, obwohl einige von ihnen gern an ihrem einmal liebgewonnenen Stil festhalten. Sie werden im Alter immer weniger anpassungsfähig und fühlen sich mit dem Anfangsstil, der ihren Typ betont, am wohlsten.

Wassermänner können so weit gehen, andere zu schockieren, oder ihre ganze Phantasie aufbieten, um eine ungewöhnliche Bemerkung zu machen.

Blasses Türkis oder Aquamarinblau und weiche Stoffe wie Satin oder Seide stehen ihnen im Gegensatz zu rauhen Stoffen in der Regel am besten.

Auftreten

Da Wassermann-Menschen betonte Individualisten sind, ist es sehr schwer, Verallgemeinerungen zu treffen. Sie halten sich normalerweise gerade und machen einen ein wenig überlegenen, wenn nicht sogar vornehmen Eindruck. Manche Wassermänner strahlen eine gewisse Wildheit aus. Das kann sich in ihrer Kleidung äußern – sie werden stets einen Weg finden, die bestehende Kleiderordnung zu verändern. Andere Wassermänner wieder sind tadellos gepflegt und eher konventionell gekleidet.

WASSERMANN

PERSÖNLICHKEIT

WASSERMÄNNER SIND INDIVIDUALISTEN. SIE KÖNNEN ERFINDERISCH UND ORIGINELL, ABER AUCH STUR UND UNBERECHENBAR SEIN. SIE SIND MEIST FREUNDLICH, NETT UND MENSCHLICH, ABER MANCHMAL AUCH SEHR VERSCHLOSSEN.

Das einzige, worauf sich zwei Wassermänner einigen können, wenn sie eine Liste der Eigenschaften ihres Sternzeichens lesen, ist, daß sie keine gemeinsam haben. Das kommt daher, weil Wassermänner die Individualisten im Tierkreis sind und dies auch gerne kundtun. Aus einer perversen Neigung heraus genießen sie es, von Angehörigen ihres eigenen Sternzeichens ebenso verschieden zu sein wie von anderen Menschen. Trotzdem haben sie gemeinsame Eigenschaften.

Bei der Arbeit

In ihrem Traumberuf haben Wassermänner viel Kontakt mit Menschen. Mit ihrer frohen, netten und fürsorglichen Art wären sie ein ausgezeichneter Sozialarbeiter. Außerdem dürfte es ihnen nicht schwerfallen, sich von Leid zu distanzieren, und sie können dadurch anderen in schwierigen Situationen wirklich beistehen.

Eine große Anzahl Wassermänner steuert naturwissenschaftlich-technische Berufe an. Sie arbeiten an der Entwicklung von Kommunikationstechniken und in anderen Branchen, die Erfindungsgeist und Originalität erfordern.

Zeitweise können Vertreter dieses Zeichens Brillantes hervorbringen, und wenn man mit ihnen in Berührung kommt, sollte man sich davor hüten, sie als Exzentriker abzuschreiben.

Verhalten

Es ist äußerst schwierig, einen Wassermann wirklich zu »kennen«. Obwohl Menschen dieses Zeichens sehr gute, nette und hilfsbereite Freunde sind, kann es geschehen, daß wegen ihrer Verschlossenheit niemand wirklich etwas über sie weiß. Befragt – was vielen als regelrechte Indiskretion erscheint – werden sie einer Antwort freundlich, aber entschieden ausweichen und mit dem Fragenden die Rollen tauschen, ohne daß dieser es überhaupt bemerkt.

Uranus regiert den Wassermann

Uranus als eher unattraktive mythische Gestalt regiert als Planet den Wassermann. Er läßt die in seinem Zeichen Geborenen vielseitig kreativ und unabhängig sein, aber auch störrisch und widerspenstig.

Sie gestalten ihre Freizeit auf vielerlei Art, z. B. indem sie zu Vorträgen gehen, mit der Theatergruppe proben oder im örtlichen Wohltätigkeitsausschuß sitzen.

Das Gesamtbild

Wassermänner sind in ihrer Jugend oft fortschrittlich, aber mit dem Alter werden sie in ihren Ansichten festgefahrener. Es kann sehr schwierig sein, sie zu überreden, ihre Lebenseinstellung neu zu überdenken.

Sie sind einfallsreich und sollten ihr kreatives Potential weiterentwickeln. Das Bedürfnis, einen ausgesprochen individuellen Lebensstil zu führen, ist, ebenso wie generelle Unabhängigkeit, ein großer Antriebsfaktor in ihrem Leben.

WASSERMANN
BERUFE

DA SIE GERNE MIT MENSCHEN ARBEITEN, KÖNNTEN IHNEN TÄTIGKEITEN IM SOZIALEN BEREICH LIEGEN. ABER SIE MÖCHTEN AUCH DINGE AUF IHRE WEISE TUN KÖNNEN. SOLANGE IHRE KOLLEGEN SIE NICHT BEDRÄNGEN, ARBEITEN SIE GUT ZUSAMMEN.

Wissenschaft

Wissenschaftszweige, die Experimentierfreude, Originalität und kreatives Talent verlangen, sind für den Wassermann am geeignetsten.

WISSENSCHAFTLICHE INSTRUMENTE

KÜNSTLER-MATERIALIEN

Schöne Künste

Der Wassermann liebt die schönen Künste und hat das Talent, originelle und einfallsreiche Arbeiten hervorzubringen; sie könnten auch etwas exzentrisch sein.

Kosmetikbranche

Ihr Faible für glanzvolle Ausstattung könnte Sie zu einem hervorragenden Make-up-Künstler, Kosmetiker oder Friseur machen.

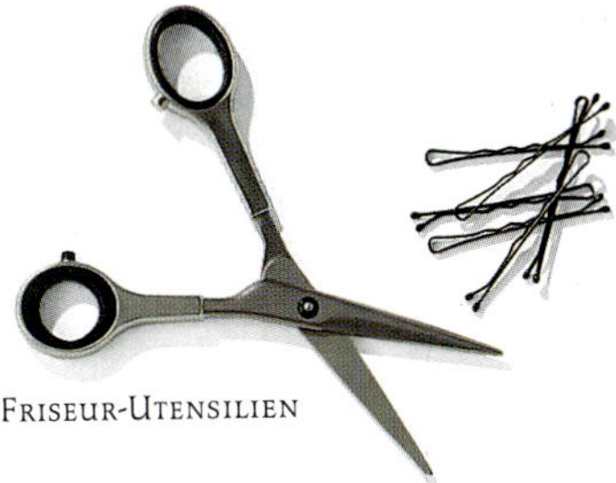

FRISEUR-UTENSILIEN

ORIENTALISCHE THEATERMARIONETTE

Theater

Viele Wassermänner besitzen Schauspieltalent und sind von frühester Jugend an theaterbesessen, vielleicht weil sie den Schauspielberuf für großartiger halten, als er ist.

Unterrichten

Viele Wassermänner unterrichten gerne ältere Schüler und sind besonders beliebt wegen ihrer freundlichen, wenngleich etwas exzentrischen Art.

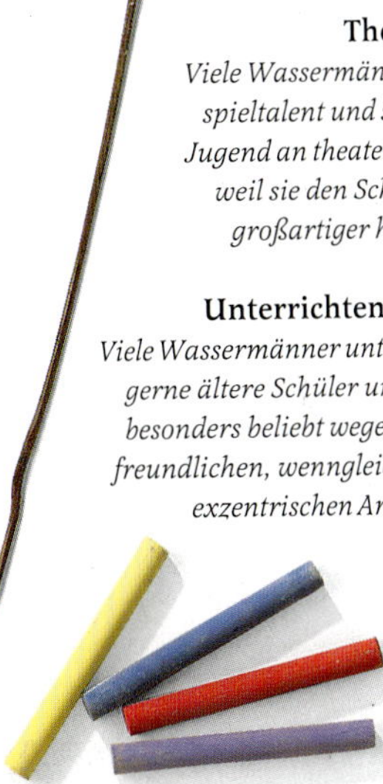

KREIDE

WASSERMANN
GESUNDHEIT

WASSERMÄNNER NEIGEN ZU STEIFEN GELENKEN, WAS ZU ARTHRITIS FÜHREN KANN. DAHER SOLLTEN SIE SICH VIEL BEWEGEN UND BEI JEGLICHEN SPORTVERLETZUNGEN SOFORT IN ÄRZTLICHE BEHANDLUNG GEHEN.

Die Knöchel sind traditionell die dem Wassermann zugeordneten Körperpartien und damit besonders verletzlich. Aber auch Gelenkschmerzen können zum Problem werden. Die meisten Wassermänner bleiben gerne aktiv, und das ist gut für sie.

Richtige Ernährung

Natrium muriaticum in unbearbeiteter Form ist einfaches Salz, das Sie in Ihren Speiseplan aufnehmen sollten. Aber bedenken Sie, daß ausgewogene Ernährung Ihnen genügend Salz zuführt. Salzen Sie also nicht zu viel.

Gefahrenzonen

Der Wassermann regiert den Kreislauf. Wenn Sie kaltes, klares Wetter mögen, achten Sie darauf, sich warm zu halten.

Da Wassermänner einen Lebensstil brauchen, der speziell auf ihre Bedürfnisse zugeschnitten ist, werden sie leicht krank, wenn diesen Bedürfnissen etwas zuwiderläuft. Wenn Sie öfters ohne ersichtlichen Grund erkranken oder sich jede im Umlauf befindliche Infektion einfangen, sollten Sie Ihre Lebensumstände genauer betrachten: Unbehagen in diesem Bereich könnte Ihre Abwehrkräfte schwächen.

Äpfel

Haltbare Lebensmittel wie Äpfel und Zitrusfrüchte werden vom Wassermann regiert.

Astrologie und Medizin

Viele Jahrhunderte lang war es unmöglich, die Heilkunst ohne astrologisches Wissen auszuüben. Auf den europäischen Universitäten umfaßte die medizinische Ausbildung die Lehre von den Auswirkungen der Himmelskonstellationen auf die Anwendung von Medikamenten. Gelehrt wurden der Aderlaß, der richtige Zeitpunkt zum Kräutersammeln oder zum Brauen eines Heiltrunks. Jedes Sternzeichen beherrscht einen Teil des Körpers. Von Kopf (Widder) bis Fuß (Fische) – in den Lehrbüchern findet man immer die entsprechende Abbildung eines »Tierkreismannes« oder »-frau«.

WASSERMANN

HOBBYS

JEDES SONNENZEICHEN HAT TRADITIONELL BEVORZUGTE FREIZEITVORLIEBEN, HOBBIES UND URLAUBSZIELE. OBWOHL DIES NUR VORSCHLÄGE SIND, LOHNT ES SICH, EINEN VERSUCH ZU WAGEN.

ALTKOLUMBIANISCHE ARTEFAKTE

Archäologie

Von der Vergangenheit angezogen, werden Wassermann-Geborene gerne Archäologen. Dieser Beruf erlaubt ihnen, Inspiration und praktische Forschungsarbeit zu verbinden.

Ballonfahrt

Der Wassermann ist ein Luftzeichen, und Wassermann-Geborene lieben frische Luft. Die Vorstellung, mit einem Ballon oder Segelflugzeug davonzufliegen, könnte daher ungeheuer anziehend für sie sein.

ZIGARETTENBILDCHEN MIT BALLONMOTIVEN

BENTLEY-MODELL VON 1930

Sammeln alter Autos

Viele Wassermänner haben ungewöhnliche Hobbies. Manche von ihnen lieben es, alte Autos zu restaurieren und zu fahren.

Masken

Drama

Wie Löwe-Geborene genießen es die meisten Wassermänner, auf der Bühne zu stehen. Die Schauspielerei ist daher eine beliebte Freizeitbeschäftigung.

Reisen

Der Gedanke, ein Flugzeug in den Iran, nach Israel, Syrien, Rußland oder Schweden zu besteigen, könnte Ihnen gefallen. Sie kosten gern neue Erfahrungen aus und sind nicht gerade ein Freund von Pauschalreisen.

Brief-
marken

Astronomie

Viele Wassermänner sind hervorragende Astronomen. Naturwissenschaftliche Methoden auf das Wunder des Alls angewandt, sind eine gewaltige Quelle der Inspiration für sie.

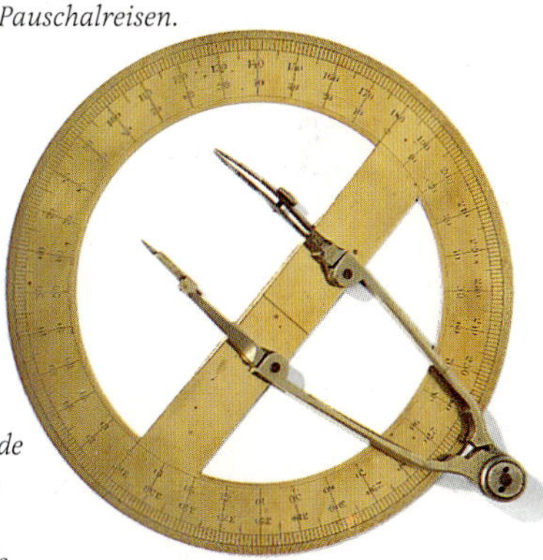

Rechenwerkzeuge

WASSERMANN

LIEBE

WASSERMÄNNER SIND ROMANTISCH, ABER VORSICHTIG. SIE KÖNNEN BESONNEN, BEZAUBERND, ATTRAKTIV SEIN UND EINE GROSSE AUSSTRAHLUNG BESITZEN. SICH ZU VERLIEBEN IST EINE BESONDERS BEDEUTUNGSVOLLE ERFAHRUNG FÜR EINEN WASSERMANN.

Wenn Wassermänner sich verlieben, sind sie, vielleicht mehr noch als andere Tierkreistypen, mit einigen sehr speziellen Problemen konfrontiert. Außer vielleicht wenn sie ganz jung sind, werden sie einen persönlichen Lebensstil entwickeln, der in seiner Form einzigartig ist, und den sie nur widerwillig aufgeben wollen. Dies bezieht sich sowohl auf ihr Bedürfnis nach Privatsphäre als auch auf den starken Unabhängigkeitswunsch, der ihr Leben auf so besondere Weise bestimmt. Eine Partnerschaft einzugehen bringt eine ganze Menge Veränderungen mit sich; dies könnte eine unabsehbare Menge von Opfern bedeuten, was für sie eine recht schwere Last sein kann. Deshalb gehen Angehörige dieses Zeichens oft erst im höheren Alter eine Ehe oder feste Beziehung ein. Für die meisten ist das nicht schlecht, da so eine lange Folge von gescheiterten Beziehungen und jede Menge Liebeskummer verhindert werden kann.

Als Liebende

Liebe und Sex ist für Wassermänner kein Problem, selbst dann, wenn sie den Hang haben, zwischen sich und ihrem Partner gelegentlichen Abstand zu wahren. Natürlich werden sie an einer Weiterentwicklung ihrer Beziehung interessiert sein

und es genießen, wenn die geistige und körperliche Nähe zu ihrem Partner wächst. Aber selbst in der leidenschaftlichsten Affäre werden sie einen großen Teil Ihrer Freiheit behalten wollen.

Liebestypen

Der Wassermann ist ein begeisterter und leidenschaftlicher Liebespartner, der stets seine Blicke schweifen läßt und einem Flirt nie abgeneigt ist. Andrerseits könnte er diesen Lebensbereich äußerst ernst nehmen. In diesem Fall ist er treu und drückt seine Gefühle sparsam aus. Eine dritte Gruppe Wassermänner wird sich mit den bisher genannten allgemeinen Bemerkungen identifizieren. Sie lehnen es ab, von einem Liebhaber unter Druck gesetzt zu werden und eine Verpflichtung einzugehen, ehe sie nicht völlig bereit dafür sind. Die vierte Wassermann-Gruppe ist empfindsam, gefühlvoll und fürsorglich und neigt in Liebesbeziehungen zu Naivität. Wenn Sie dieser Gruppe angehören, müssen Sie sehr vorsichtig sein, da jeder Fehler großen Schaden anrichten könnte. Auch sie haben viel Freude an Liebe und Sex, schätzen aber ebenfalls ihre Unabhängigkeit.

WASSERMANN
WOHNUNG

IHRE WASSERMANN-INDIVIDUALITÄT ZEIGT SICH AUCH IN IHREN VIER WÄNDEN. RICHTEN SIE SICH NICHT SO MODERN EIN, DASS ES IN EINIGEN JAHREN ALTMODISCH WIRKT. SIE HABEN TALENT ZU ORIGINELLEN LICHTEFFEKTEN.

Die meisten Wassermänner können ihr Leben so gut organisieren, daß sie mit den unterschiedlichsten Rahmenbedingungen zurechtkommen. Deshalb fühlen sie sich auf dem Land genauso zu Hause wie in einer großen Stadt. Selbst eine kleine Wohnung werden sie so einrichten, daß sie geräumig erscheint.

Möbel

Da Wassermänner das Gefühl brauchen, Platz zu haben, wird wahrscheinlich so wenig Mobiliar als möglich in ihrem Zuhause stehen. Die von ihnen ausgewählten Stücke sind oft ein wenig streng im Design und gewöhnlich sehr modern. Wenn nicht, stammen sie sicherlich aus den 20er oder 30er Jahren, als elegante Linien und wenige Verzierungen bevorzugt wurden.

Da der Wassermann ein Luftzeichen ist, mögen sie zu schwere und massive Möbel normalerweise gar

Früchte aus Glas als Dekoration

Modisch und glänzend sind häufige Attribute eines Wassermann-Heims. Alle Arten von Glas sind sehr beliebt.

nicht. Glas-Eßtische und kleine Wohnzimmertische sind dagegen häufig. Und es ist erstaunlich, wie bequem so ein zerbrechlicher, kantiger Wassermann-Stuhl sein kann.

Elegante Bezugsstoffe

Obwohl elegante Deko-Stoffe im Wassermann-Heim nicht häufig sind, verleihen sie merklichen Glanz, ja geradezu Hollywood-Glamour. Da Wassermänner glänzende Stoffe lieben, mögen sie Taft und Seide. Durchsichtige Netzgardinen oder hübsche Rollos, die nur bei starkem Sonnenlicht heruntergezogen werden, könnten ebenfalls vorhanden sein.

Weiß ist sehr beliebt für die Wände und bei Ledermöbeln. Oft wird diese Farbe mit glänzendem Chrom, dem Gestell der Tische und Stühle, kombiniert. Allgemein werden einfarbige oder gestreifte Stoffe statt auffallender Muster bevorzugt.

Accessoires

Alle Glassorten haben einen Ehrenplatz in einem Wassermann-Heim. Getönte Vasen, Kristall- oder Laliquefiguren oder anderer eleganter Glasschmuck sind beliebt. Ihre Lieblingsgemälde sind meist abstrakt und intellektuell anspruchsvoll.

Da Wassermänner sich oft zur tiefen Vergangenheit und entfernten Zukunft hingezogen fühlen, könnten Fossilien oder Antiquitäten einen prominenten Platz in ihrer Sammlung haben. Fast alle Wassermänner lieben Spiegel und haben den unglücklichen Ruf, eitel zu sein.

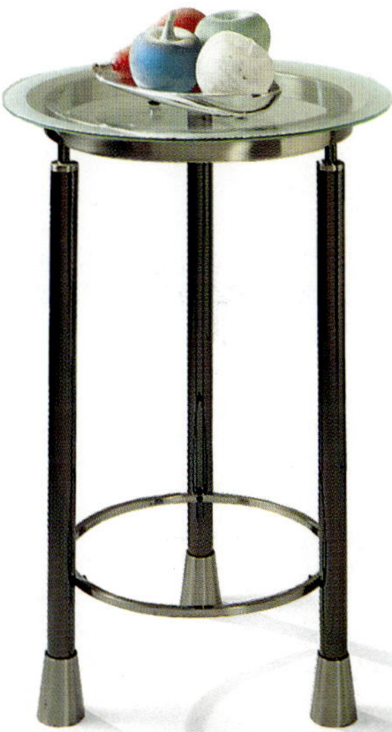

Ungewöhnliche Dekorationsstücke

Die Dekorationsstücke in einem Wassermann-Heim sind häufig ungewöhnlich und zeugen von einem besonderen Faible für die Vergangenheit.

DER MOND UND SIE

Die Sonne prägt unsere Erscheinung, unser Auftreten und wesentliche Merkmale unserer Persönlichkeit. Der Mond, obwohl er nur als Satellit die Erde umkreist, ist aus astronomischer Sicht der zweitwichtigste Himmelskörper im Sonnensystem. Je nachdem, in welchem Zeichen der Mond bei unserer Geburt stand, beeinflusst dies unser empfinden und Erleben, unser »typisches« Verhalten und bis zu einem gewissen Grad auch das, was wir von unseren Eltern und Vorfahren geerbt haben. Mit Hilfe der Tabellen auf den Seiten 56-59 können Sie Ihr eigenes Mondzeichen herausfinden und damit einen weiteren Schritt auf dem Weg zur Entdeckung Ihrer Persönlichkeit tun.

DER MOND IM WIDDER

Ihr Unabhängigkeitsbedürfnis wird durch Ihren Widdermond erhöht. Sie sind wahrscheinlich ein warmblütiger, leidenschaftlicher Mensch, der seine Gefühle viel freier ausdrückt als andere Wassermänner.

Die Elemente von Wassermann und Widder, Luft und Feuer, harmonieren gut miteinander. Sie gehen in den meisten Situationen mit Begeisterung ans Werk. Sie lieben Herausforderungen und sind Ihren Gegnern gerne ein Stück voraus.

Persönlichkeit

Die Wassermann-Sonne verleiht Ihnen Originalität, die durch eine offene, unkomplizierte Lebenseinstellung ergänzt wird. Sie werden nicht von Nebensächlichkeiten oder belanglosen Einzelheiten gehemmt. Trotz Ihrer natürlichen Freundlichkeit könnten Ihre schnellen Reaktionen andere Menschen befremden. Sie gehen manchmal schroff mit anderen um und werfen ihnen Inkompetenz vor. Seien Sie rücksichtsvoll.

Liebesleben

Sie gehören zu den warmherzigsten und leidenschaftlichsten Liebespartnern unter den Wassermännern. Ihr Mondzeichen schenkt Ihnen eine reiche Gefühlswelt und die Fähigkeit, diese auch nach außen hin zu zeigen. Wassermann- und Widder-Geborene brauchen beide Unabhängigkeit und Entfaltungsmöglichkeit, was Ihre Partner wissen müssen. Wenn Sie eine dauerhafte Beziehung eingehen, sollten Sie diesen Charakterzug mit Ihrem Partner gründlich besprechen.

Gesundheit

Die Widder-Körperpartie ist der Kopf, und wenn Sie Belastungen oder Streß ausgesetzt sind, bekommen Sie häufig Kopfschmerzen. Wenn kein Grund erkennbar ist, könnten die Schmerzen von leichten Nierenstörungen herrühren. Dann sollten Sie zum Arzt gehen. Möglicherweise macht der Widder-Mond Sie impulsiv und hastig, was leicht zu Unfällen führen kann. Sie treiben gern Sport und haben einen eher schnellen Stoffwechsel, weshalb

Der Mond im Widder

Sie wahrscheinlich keine Gewichtsprobleme kennen.

Finanzen

Ihre Originalität und Ihr Talent könnten sich gut in einem Unternehmen entfalten. Vielleicht haben Sie eine zweite Einkommensquelle. Eventuell investieren Sie zu impulsiv und werden von unsicheren Projekten angezogen. Seien Sie bei Investitionen besonnen und holen Sie sich professionellen Rat.

Familie

Sie sind ein sehr lebhafter Elternteil und teilen Ihren Kindern viel von Ihrer instinktiven, warmen Begeisterung mit.

Da Sie eine ziemlich moderne Lebenseinstellung haben und aktuelle Trends gerne verfolgen, ist es höchst unwahrscheinlich, daß Sie Opfer des Generationskonflikts werden. Es könnte sogar eher sein, daß Ihre Kinder Schwierigkeiten haben, mit Ihnen mitzuhalten.

DER MOND IM
STIER

IHR STIER-MOND MACHT SIE WARMHERZIG UND LIEBEVOLL IM UMGANG MIT ANDEREN UND VERLEIHT IHNEN EINEN INSTINKTIVEN GESCHÄFTSSINN. ABER DA WASSERMANN UND STIER FIXE ZEICHEN SIND, HÜTEN SIE SICH VOR ALLZU GROSSER STURHEIT.

Die Eigenschaften von Wassermann und Stier sind äußerst unterschiedlich, und Ihre spontane Reaktion auf Situationen könnte deshalb etwas von Ihrer sonstigen Lebenseinstellung abweichen.

Persönlichkeit

Ihr Mond verleiht Ihnen Festigkeit und ein großes Bedürfnis nach emotionaler und finanzieller Sicherheit. Während aber der Wassermann für seine Unkonventionalität bekannt ist, hat der Stier eine Vorliebe für das Althergebrachte und mißtraut Veränderungen.

Ihr Mond ermutigt und unterstützt Sie, Ihre Originalität auszudrücken. Wahrscheinlich besitzen Sie kreatives Talent, vielleicht für Musik oder Gesang, und möchten dies im Rahmen der traditionellen Möglichkeiten entfalten. Die Stier-Kreativität kann Ihnen helfen, Ihre Begabung und Originalität auf sehr befriedigende Weise auszudrücken.

Liebesleben

Der Gegensatz zwischen Ihrem emotionalen Sicherheitsbedürfnis und Ihrem Bedürfnis nach Entfaltung wirkt sich in Ihrem Privatleben am deutlichsten aus. Vermutlich konfrontieren Sie Ihre Partner mit gegensätzlichen Forderungen. Ganz unweigerlich werden Sie Kompromisse eingehen müssen, und Ihre Partner müssen sich Ihrer unterschiedlichen Bedürfnisse bewußt sein.

Gesundheit

Die Stier-Körperpartie ist der Hals. Eine Erkältung kann mit Halsschmerzen beginnen und mit einem hartnäckigen Husten enden.

Da die meisten Menschen unter Stier-Einfluß kalorienreiches, süßes Essen mögen, besteht eine Neigung zu Übergewicht. Viel hängt von Ihrem Stoffwechsel ab. Wenn er langsam ist, sollten Sie regelmäßig Sport treiben. Es gibt auch eine Beziehung zwischen

Der Mond im Stier

Ihrem Stier-Mond und der Schilddrüse. Wenn Sie trotz leichtem Essen zunehmen, sollten Sie zum Arzt gehen.

Finanzen

Sie gehen sehr geschickt mit Geld um. Sie geben viel Geld für den Erwerb von Eigentum aus, und brauchen daher ein hohes regelmäßiges Einkommen.

Sie haben einen angeborenen Geschäftssinn, und mit Ihrem Wassermann-Talent könnten Sie äußerst erfolgreich ein eigenes Geschäft führen.

Familie

Sie geben Ihren Kindern genügend Wärme und Zuneigung, neigen aber im einen Moment zur Strenge und im nächsten wieder zu Großzügigkeit. Vergessen Sie nicht: Ihre Kinder sollten immer wissen, woran sie mit Ihnen sind.

Ihre Wassermann-Sonne wird Ihnen helfen, mit den Ideen Ihrer Kinder Schritt zu halten. Aber Ihr Stier-Mond wird es Ihnen manchmal schwermachen, diese Ideen zu mögen. Schließen Sie Kompromisse.

DER MOND IM ZWILLING

IHRE ORIGINALITÄT UND IHR GLÄNZENDER VERSTAND PASSEN SEHR GUT MIT DEN SCHNELLEN ZWILLINGE-REAKTIONEN UND -KOMMUNIKATIONSFÄHIGKEITEN ZUSAMMEN. SEIEN SIE NICHT ZU EXTRAVAGANT, UND UNTERDRÜCKEN SIE IHRE GEFÜHLE NICHT.

Wassermann und Zwillinge sind beide Luftzeichen, und dieses Element fördert eine intellektuelle Lebenseinstellung. Daher besitzen Sie wahrscheinlich in besonderem Maße klare Ideen, Logik und Originalität.

Persönlichkeit

Sie bringen Ihre verschiedenen Qualitäten ohne große Schwierigkeiten zum Einsatz, auch wenn es nicht immer leicht ist, Ihre Vorhaben wirklich zu durchschauen. Sie theoretisieren auch lieber, als praktisch zu handeln.

Sie neigen dazu, sich sehr rasch zu langweilen, und Ihre Vielseitigkeit verführt Sie dazu, gerne von allem zu kosten. Dabei ist es oft besser, sich mit wenigem und dafür gründlich zu befassen.

Liebesleben

Weder Wassermann noch Zwillinge drücken ihre Gefühle sehr frei aus. Das könnte Sie hemmen. Sie brauchen einen Partenr, zu dem Sie sowohl ein starkes freundschaftliches als auch ein gutes intellektuelles Verhältnis aufbauen können.

Gesundheit

Der Zwilling regiert Arme und Hände; sie sind daher besonders verletzlich. Als Wassermann neigen Sie außerdem zu Arthritis und sollten daher ein Hobby haben, bei dem Hände und Finger beansprucht und ihre Beweglichkeit trainiert wird. Das Zwillinge-Organ ist die Lunge; Sie sind deshalb anfällig für Bronchitis. Gehen Sie bei länger andauerndem Husten besser zum Arzt.

Der größte Zwillinge-Fehler ist ihre Rastlosigkeit. Sie kann Ihre Ausdauer schwächen und zu inneren Spannungen führen. Entspannungstechniken wie autogenes Training oder Yoga können helfen.

Wahrscheinlich haben Sie einen raschen Stoffwechsel. Wenn nicht, sollten Sie sich mit Sport fit halten. Be-

Der Mond im Zwilling

wegungsspiele wie Basketball, Squash und Tennis eignen sich hervorragend für Sie. Achten Sie außerdem auf leichte und gesunde Ernährung.

Finanzen

Sie könnten einem Eskimo einen Kühlschrank verkaufen und machen sicher ein gutes Geschäft, wenn Sie z. B. Ihr Auto verkaufen. Aber Vorsicht: in punkto Geldanlagen sind Sie nicht so geschickt wie Sie glauben. Suchen Sie den Rat eines Fachmanns und nehmen Sie ihn auch an. Wählen Sie möglichst eine Anlageform, bei der die Beiträge direkt von Ihrem Gehaltskonto abgebucht werden.

Familie

Sie sind temperamentvoll, fördern Ihre Kinder nach Kräften und halten bestens mit ihnen mit. Generationskonflikte wird es daher kaum geben. Manchmal könnten Sie etwas distanziert auf Ihre Kinder wirken. Vergessen Sie nie, daß Logik zwar eine gute Sache ist, daß aber eine herzliche Umarmung ebenso wichtig sein kann.

DER MOND IM
KREBS

DIE ORIGINALITÄT DES WASSERMANNS UND DIE PHANTASIE UND INTUITION DES KREBSES DÜRFTEN BESTENS HARMONIEREN – WOMÖGLICH MIT ÜBERAUS KREATIVEN ERGEBNISSEN. ACHTEN SIE ABER DARAUF, JÄHE STIMMUNGSÄNDERUNGEN IM ZAUM ZU HALTEN.

Ihre Wassermann-Sonne und Ihr Krebs-Mond verleihen Ihnen einige gegensätzliche Eigenschaften, die Sie zu einer einzigartig interessanten, äußerst individualistischen und sehr vielschichtigen Persönlichkeit machen.

Persönlichkeit

Sie gehören wahrscheinlich zu den individualistischsten Wassermännern. Zweifellos reagieren Sie auf die meisten Situationen empfindsam und gefühlsgeladen, und gerade in dieser Hinsicht ergänzen Krebs und Wassermann einander am glücklichsten.

Wassermänner helfen großzügig wenn nötig; einfach, weil die Not ersichtlich ist. Sie sind eher kaltblütig, logisch und vernünftig als gefühlvoll. Doch Ihr Krebs-Mond macht Sie über das Elend anderer betroffen. Auf den ersten Blick erscheinen Sie freundlich, aber etwas kühl. Wenn aus Bekanntschaft Freundschaft wird, werden die anderen erkennen, daß Sie ein ziemlich weichherziger Mensch sind. Aber wenn eine scharfe Antwort erforderlich ist, schlagen Sie immer gut zurück.

Liebesleben

In Ihrem Gefühlsleben dürften Sie einige Konflikte erlebt haben. Einerseits besitzen Sie eine tiefverwurzelte Sehnsucht nach einem Heim und Familie, andrerseits haben Sie den Wassermann-Drang, Ihren individuellen Lebensstil beizubehalten.

Sie hamonieren hervorragend mit ihrem Partner und sind zu einem reichen und erfüllten Liebesleben fähig. Aber achten Sie darauf, dem Partner genügend Freiraum zu lassen.

Gesundheit

Der Krebs regiert den Brustkorb und die Brüste. Obwohl es keinerlei Verbindung zwischen dem Sternzeichen und der gleichnamigen Krankheit gibt, ist es besonders wichtig für Frauen mit Krebs-Mond, sich regelmäßig auf

Der Mond im Krebs

Brustkrebs untersuchen zu lassen – einfach nur zur Vorbeugung. Krebse neigen sehr dazu, sich Sorgen zu machen, und Wassermänner werden durch Streß und Anspannung negativ beeinflußt. Daher könnten Sie an Kopfschmerzen oder sogar Migräne leiden. Lernen Sie, sich zu entspannen – die Alexander-Technik könnte Ihnen dabei behilflich sein.

Finanzen

Sie zählen zu den Wassermännern, die gut mit Geld umgehen, vorausgesetzt, Sie lassen Ihrem angeborenen raffinierten und geschickten Geschäftssinn freien Lauf. Versuchen Sie in bewährte Firmen und Projekte zu investieren.

Familie

Als jemand, der seine Kinder schützen und bestens für sie sorgen will, machen Sie sich häufig zuviel Sorgen um Ihren Nachwuchs. Gleichzeitig ermutigt Sie Ihr Wassermann-Geist dazu, ihnen die Unabhängigkeit zuzugestehen, die auch Sie beanspruchen. Zeigen Sie daher Verständnis, wenn sie aus dem Haus gehen. Wenn Sie nicht ständig davon anfangen, wie die Welt zu Ihrer Zeit war, wird es keine Generationskonflikte geben.

DER MOND IM LÖWEN

WASSERMANN UND LÖWE SIND POLARE ZEICHEN, SIE WURDEN ALSO UNTER VOLLMOND GEBOREN. IHRE RASTLOSIGKEIT UND STURHEIT KÖNNTEN PROBLEME MACHEN. BRINGEN SIE IHR KREATIVES LÖWE-POTENTIAL MIT DER WASSERMANN-ORIGINALITÄT IN EINKLANG.

Jedes Sternzeichen trägt auch Eigenschaften des zu ihm polaren oder entgegengesetzten Zeichens in sich. Für Wassermänner ist das der Löwe, und da der Mond bei Ihrer Geburt in diesem Zeichen stand, ist diese Polarität in Ihrer Persönlichkeit besonders stark.

Persönlichkeit

Sie können gut organisieren und jede Situation sofort meistern. Aber Sie sollten achtgeben, nicht herrisch zu wirken. Manchmal könnten Sie ein wenig reserviert und unnahbar erscheinen. Sie besitzen ein kreatives Potential, das sich im Malen, der Schauspielerei oder vielleicht beim Modezeichnen ausdrückt. Ihr Einfallsreichtum könnte alternativ dazu auch im wissenschaftlichen Bereich zum Ausdruck kommen.

Liebesleben

Sie drücken Ihre Gefühle leidenschaftlich und mit all dem Feuer aus, das Ihnen Ihr Löwe-Mond verleiht. Sowohl im Bett als auch außerhalb sind Sie ein guter Partner.

Wie alle Wassermänner brauchen Sie ein gutes Maß an Freiheit, möchten aber auch zu Ihrem Partner aufschauen und sowohl die Macht hinter dem Thron verkörpern als sie teilen. Hüten Sie sich, Ihre Partner zu beherrschen; jeder, der unter Löwe-Einfluß steht, ist in Gefahr, dies zu tun. Maßhalten ist erforderlich.

Gesundheit

Der Wassermann- und Löwe-Gegensatz äußert sich am stärksten in Gesundheitsfragen. Wassermann regiert den Kreislauf, der vom Herz, dem Löwe-Organ, angetrieben wird. Beide Einflüsse verbinden sich äußerst wirkungsvoll und erfordern Ihre besondere Aufmerksamkeit. Trainieren Sie Ihr Herz, um den Kreislauf zu stärken und bewegen Sie sich, um Arthritis in Ihren Gelenken entgegenzuwirken. Die

Der Mond im Löwen

Löwe-Körperpartien sind das Rückgrat und der Rücken; beide brauchen Training. Wenn Sie viel am Schreibtisch sitzen müssen, wäre ein Stuhl gut für Sie, der den Rücken entlastet. Sie lieben schweres Essen, aber bei genügend Bewegung werden Sie überzählige Kalorien schnell verbrennen.

Finanzen

Wassermänner lieben Glanz, und Löwen nur das Teuerste und Beste. Um diesen Bedürfnissen zu entsprechen, werden Sie ordentlich Geld verdienen müssen. Ihr Löwe-Mond hilft Ihnen, geschickt zu investieren. Wenn Sie jemals finanziellen Rat benötigen, suchen Sie ihn bei dem erfahrensten Experten, den Sie finden können.

Familie

Das Zeichen Löwe ist traditionell mit Elternschaft verknüpft. Sie dürften viel Freude mit Ihren Kindern haben und Sie zu immer besseren Leistungen anspornen. Zeigen Sie Ihre ernstgemeinte Liebe und Begeisterung für deren Bemühungen. Seien Sie vernunftbetont, schauen Sie nach vorn und unterstützen Sie Ihre Kinder mit konstruktiver Kritik, dann wird es keine Generationskonflikte geben.

DER MOND IN DER JUNGFRAU

IHR JUNGFRAU-MOND LÄSST SIE FEST AUF DEM BODEN DER TATSACHEN STEHEN. LASSEN SIE SICH IM ENTWICKELN ORIGINELLER IDEEN UND UNKONVENTIONELLER AUSDRUCKSMÖGLICHKEITEN NICHT DURCH HEMMENDE, UNTERDRÜCKENDE GEFÜHLE BEEINFLUSSEN.

Ihre kaltblütige und vernünftige Wassermann-Sonne verbindet sich mit dem natürlichen gesunden Menschenverstand und der Logik Ihres Jungfrau-Mondes und läßt Sie alle Aspekte eines Problems analytisch-kritisch betrachten.

Persönlichkeit

Sie sind sowohl schöpferisch als auch praktisch veranlagt. Diese Fähigkeiten sind eine gute Voraussetzung für ein seltenes Handwerk oder Kunstgewerbe.

Sie haben manchmal den Hang, kleinlich zu sein, und das kann dazu führen, daß Sie den umfassenden Blick für eine Situation verlieren. Nur wenn Ihre Wassermann-Sonne die Führung übernimmt, können Sie das Problem von mehreren Seiten betrachten.

Liebesleben

Ihre Bescheidenheit könnte Ihnen in puncto Liebe und Partnerschaft zu schaffen machen. Wenn es Ihnen gelingt, eine entspannte Beziehung aufzubauen, werden Sie ein erfülltes Liebes- und Sexleben führen.

Gesundheit

Die der Jungfrau zugeordnete Körperpartie ist traditionell der Magen. Sie sollten daher auf ballaststoffreiche Ernährung achten. Viele Menschen mit Jungfrau-Einfluß ernähren sich gern rein vegetarisch, worauf auch Sie ansprechen könnten. Manchmal neigen Sie dazu, sich unnötig aufzuregen, was Ihnen auf den Magen schlagen könnte.

Streß, Anspannung und eine Neigung zu Rastlosigkeit führen zu Migräne, wenn Sie nicht lernen zu entspannen. Yoga ist eine Möglichkeit.

Finanzen

Zweifellos fühlen Sie sich wie alle Wassermänner von Luxus angezogen. Aber wenn Sie allzusehr Ihrem Hang zu teuren Anschaffungen frönen, könnten Sie am Ende Schuldgefühle

Der Mond in der Jungfrau

haben. Das ist immerhin dann weniger der Fall, wenn die gekauften Sachen einen praktischen Zweck erfüllen, oder auch, wenn sie aus natürlichen Materialien bestehen.

Manchmal neigen Sie dazu, sich finanziell für weniger gut gestellt zu halten als Sie es tatsächlich sind. Da Sie gewöhnlich Ihre Finanzangelegenheiten recht gut handhaben, werden Sie vermutlich so klug sein, unabhängigen professionellen Rat einzuholen, wenn Sie anfangen wollen zu sparen oder eine beträchtliche Geldsumme besitzen, die Sie gerne investieren würden.

Familie

Möglicherweise sind Sie Ihren Kindern gegenüber weitaus kritischer, als Sie selbst merken. Geben Sie acht, daß ihr Selbstvertrauen nicht darunter leidet.

Ihre Wassermann-Sonne hilft Ihnen, mit den Ansichten Ihrer Kinder Schritt zu halten. Achten Sie darauf, daß Sie ihnen auch genügend Wärme und Zuneigung geben.

DER MOND IN DER WAAGE

IHR WAAGE-MOND HILFT IHNEN, IHRE GEDANKEN FREIMÜTIG UND AUF ORIGINELLE ART ZU ÄUSSERN. SIE SIND EIN GESELLIGER MENSCH, SOLLTEN ABER IN EINIGEN LEBENSBEREICHEN MEHR ERNST UND SINN FÜRS PRAKTISCHE ENTWICKELN.

Da Wassermann und Waage beide Luftzeichen sind, harmonieren sie sehr gut. Folglich gehören Sie zu den freundlichsten, mitfühlendsten, verständnisvollsten und diplomatischsten Sonne-Mond-Kombinationen des Wassermanns.

Persönlichkeit

Ihr Waage-Mond befähigt Sie, instinktiv alle Seiten eines Problems zu sehen und vollstes Verständnis für die Haltung eines anderen Menschen aufzubringen. Naturgemäß läßt diese Eigenschaft Sie bei Entscheidungen manchmal zaudern, und das könnte andere gelegentlich irritieren. Sie sollten versuchen, zu manchem eine nüchternere Einstellung zu entwickeln.

Liebesleben

Ihr Waage-Mond bringt die Romantik, die tief in der Wassermann-Seele verborgen liegt, zum Vorschein. Sie schätzen eine stimmungsvolle Atmosphäre in der Liebe.

Auf mögliche Partner reagieren Sie sehr zwiespältig: einerseits fühlen Sie sich ohne eine emotionale Beziehung als unvollständiger Mensch und sind daher geneigt, regelrecht in eine Beziehung zu flüchten. Andererseits könnten Sie wegen Ihres vom Wassermann gesteuerten Unabhängigkeitsdrangs selbst bei einer guten Gelegenheit darauf beharren, Abstand zu wahren. Natürlich sind Sie in der Lage, eine lohnende und liebevolle Beziehung mit jemand einzugehen, der Sie versteht.

Gesundheit

Der Lendenbereich Ihres Rückens wird von der Waage regiert. Wenn Sie eine Schreibtischtätigkeit ausüben, sollten Sie einen Stuhl haben, der den Rücken entlastet.

Das Waage-Organ sind die Nieren. Als Folge von zuviel Streß oder einer leichten Nierenstörung könnten Sie an Kopfschmerzen leiden. Wenn Ihr Stoff-

Der Mond in der Waage

wechsel ungewöhnlich langsam ist, neigen Sie vielleicht zu Übergewicht. Treiben Sie deshalb regelmäßig Sport. Sie könnten z. B. skifahren oder ein Fitneßstudio mit einer freundlichen Atmosphäre in Betracht ziehen.

Finanzen

Sie lieben den Luxus und haben einen teuren Geschmack. Lassen Sie sich nicht verleiten, anderen Geld zu leihen, da Sie für skrupellose Menschen eine leichte Beute wären. Ziehen Sie bei Aktienkäufen oder einem Sparplan einen Fachmann zu Rate. Genießen Sie Ihr Geld, aber kontrollieren Sie regelmäßig Ihre Ausgaben.

Familie

Sie könnten dazu neigen, Ihren Kindern für ein bißchen Ruhe und Frieden materielle Versprechungen zu machen. Auf die lange Sicht ist das schlecht. Seien Sie entschieden und geradeaus. Sie werden alle an Sie gestellten Anforderungen gut meistern und deswegen kaum Generationskonflikte haben.

DER MOND IM SKORPION

SIE HABEN STARKE GEFÜHLSREGUNGEN, DIE IHNEN MANCHMAL SCHWER ZU SCHAFFEN MACHEN KÖNNTEN. AUCH IHR STARRSINN KÖNNTE IHNEN MANCHMAL PROBLEME BEREITEN. VERSUCHEN SIE, STETS OBJEKTIV UND AUFGESCHLOSSEN ZU SEIN.

Wassermann und Skorpion sind beides fixe Zeichen, was Sie ein wenig stur macht, Ihnen aber dafür mehr Entschlossenheit im Leben gibt. In schweren oder stressigen Zeiten kann das von Nutzen sein.

Persönlichkeit

Sie haben den typischen unabhängigen Wassermann-Sinn, in Ihnen steckt aber auch die Tiefgründigkeit und Stärke des Skorpions und das Bedürfnis nach einem wirklich erfüllten Leben. Sie werden nur in einem Beruf glücklich sein, der Sie innerlich ausfüllt, und in dem Sie Ihre enormen körperlichen und emotionalen Energiereserven ausschöpfen können.

Liebesleben

Ihr enormes Potential an Emotionen unterscheidet sich ziemlich von Ihren Wassermann-Eigenschaften. Mehr als irgendein anderes Wassermann-Zeichen brauchen Sie ein reiches und erfülltes Liebes- und Sexleben. Sie sind leidenschaftlich und sexuell anspruchsvoll und brauchen einen vitalen und dafür empfänglichen Partner. Durch Ihre Wassermann-Sonne brauchen Sie zudem Freiheit und Unabhängigkeit. Der schwerste Skorpion-Fehler ist Eifersucht – Ihr Wassermann-Ich wird diese negativen Emotionen hassen.

Gesundheit

Der Skorpion regiert den Genitalbereich des Körpers. Männliche wie weibliche Skorpione sollten daher regelmäßig zur Vorsorgeuntersuchung gehen.

Sie lieben es, sich auszuleben und sind in mancher Hinsicht die Draufgänger des Tierkreises. Zu schweres Essen und gute Weine können folglich zu exzessiver Gewichtszunahme führen. Sollte das bei Ihnen der Fall sein, ändern Sie langsam aber stetig Ihre Eßgewohnheiten, egal wie langweilig Ihnen das vorkommen mag.

Der Mond im Skorpion

Theoretisch treiben Sie gerne Sport. Sofern Sie nicht eine Sportart bevorzugen, sollten Sie für Abwechslung sorgen: Wassersportarten, Eisschnellauf und Karate dürften Ihnen gefallen.

Finanzen

Sie besitzen einen klugen Geschäftssinn und das gewisse »Etwas«, das Sie befähigt, viel Geld zu verdienen. Das wird auch nötig sein, da Sie das Geld gern wieder mit vollen Händen ausgeben. Bei Investitionen könnten Sie vom Rat eines Fachmanns profitieren; lassen Sie sich aber dennoch von Ihrem Instinkt leiten.

Familie

Manchmal könnten Sie auf Ihre Kinder schrullig wirken. Im einen Moment sind Sie richtig konservativ, im nächsten vertreten Sie die neuesten Ansichten. Lassen Sie Ihre Kinder wissen, woran sie mit Ihnen sind. Wenn Sie Ihre Wassermann-Züge voll entfalten, wird es keine Konflikte geben.

DER MOND IM SCHÜTZEN

WASSERMANN UND SCHÜTZE BRAUCHEN BEIDE FREIRAUM UND UNABHÄNGIGKEIT. GESTATTEN SIE DER WARMHERZIGKEIT IHRES MONDZEICHENS AUSREICHENDE AUSDRUCKSMÖGLICHKEIT. DAS WIRD DIE KÜHLE DISTANZ DES WASSERMANNS ZUM SCHMELZEN BRINGEN.

Das Luft-Element Ihrer Wassermann-Sonne und das Feuer-Element Ihres Schütze-Mondes harmonieren gut miteinander und machen Sie zu einem enthusiastischen, optimistischen Menschen. Auf Herausforderungen oder angesichts einer schwierigen Situation werden Sie mit Direktheit und Begeisterung reagieren.

Persönlichkeit

Sie haben alle Voraussetzungen für eine positive Lebenseinstellung, einen unabhängigen Geist, vielfältige Interessen und einen weiten geistigen Horizont. Im Umgang mit Details haben Sie dagegen Schwierigkeiten; Sie sollten sie daher besser anderen überlassen.

Sie haben etwas vom ewigen Studenten an sich. Sie brauchen wirkliche intellektuelle Herausforderungen, um sich wohlzufühlen, und sollten daher stets eine Beschäftigung haben, die dies im positiven Sinne ermöglicht. Obwohl Sie ein vielseitiger Mensch sind, sollten Sie darauf achten, Ihre Interessen nicht zu weit zu fächern, da Sie sonst leicht die Ausdauer verlieren könnten.

Liebesleben

Sie sind ein wunderbar warmherziger und lebensvoller Mensch und haben keinerlei Schwierigkeiten, die ganze Fülle Ihrer Empfindungen auch auszudrücken. Sie sind ein temperamentvoller Partner und genießen Liebe und Sex in vollen Zügen. Sie brauchen einen Menschen, der Ihr starkes Bedürfnis nach Freiheit und Unabhängigkeit erkennt und toleriert, denn jede Spur einer Einengung würde in Ihrer Beziehung fatale Folgen haben.

Gesundheit

Die Schütze-Körperpartien sind Hüften und Oberschenkel. Weibliche Schützen neigen speziell in diesem Bereich zu Übergewicht. Dies ist umso schlimmer, als Sie eine Vorliebe für schweres, kalo-

Der Mond im Schützen

rienreiches Essen haben. Versuchen Sie ab und zu auf die Wassermann-typischere Kost aus Salaten, Fisch und Geflügel auszuweichen. Treiben Sie Sport, am besten mehrere Sportarten gleichzeitig. Das Schütze-Organ ist die Leber, die durch das bereits erwähnte schwere Essen gestört sein könnte. Sie gehen gern Risiken ein, sollten aber vorher jedes sorgfältig abwägen.

Finanzen

Sie sind eine Spielernatur und haben eine Schwäche für Anlagegeschäfte, die verlockend klingen, aber leider nicht halten, was sie versprechen. Wenn Sie einem Spiel nicht widerstehen können, geben Sie acht, daß Sie nicht mehr Geld verlieren, als Sie sich leisten können. Ziehen Sie bei Investitionen einen Fachmann zu Rate. Sie sind zu optimistisch, um nicht Fehler zu machen.

Familie

Sie haben eine moderne Einstellung zum Leben, handeln überlegt und logisch, und sind zugleich fähig, Ihren Kindern die Wärme und Zuneigung zu schenken, die sie brauchen, besonders, wenn sie in Nöten sind. Sie werden sie nach Kräften fördern und ihnen eine gute Erziehung ermöglichen.

DER MOND IM STEINBOCK

SIE HABEN ALLE VORAUSSETZUNGEN FÜR EINE STEILE KARRIERE, ABER IHR STEINBOCK-EHRGEIZ KÖNNTE AUS IHNEN EINEN EINZELGÄNGER MACHEN. IN IHREM AUFTRETEN SCHWANKEN SIE ZWISCHEN ANGEPASSTEM UND EXZENTRISCHEM VERHALTEN.

Ehe im achtzehnten Jahrhundert der Planet Uranus entdeckt wurde, regierte Saturn sowohl Wassermann als auch Steinbock. Zwischen beiden bestehen interessante Verbindungen, aber auch auffallende Gegensätze.

Persönlichkeit

Sie reagieren auf Situationen zu Beginn sehr sachlich und praktisch und äußerst vorsichtig. Ein wenig später kommt Ihre extrovertierte Wassermann-Persönlichkeit zum Vorschein und nimmt die Dinge in die Hand. Auf diese Art besitzen Sie eine sichere und gesunde Basis für Ihr Verhalten.

Steinböcke sind eher konventionell in ihrer Lebensauffassung, während der Wassermann als unkonventioneller Typ gilt, der andere Menschen gern überrascht und manchmal schockt. Wenn Sie diesen inneren Widerspruch bei sich feststellen, versuchen Sie, einen goldenen Mittelweg zu finden. Falls Sie ehrgeizig sind, werden Sie ein beneidenswertes Leben führen und all das erreichen, was Sie sich wünschen.

Liebesleben

Weder Wassermann noch Steinbock sind sehr gefühlsbetonte Zeichen. Sie werden in einer Beziehung bewußt entspannen müssen, um wirklich in den Genuß eines erfüllten Liebeslebens zu kommen.

Ihre Wassermann-Sonne macht Sie anziehend für das andere Geschlecht, aber Ihr Steinbock-Mond könnte ein Hinderungsfaktor sein. Sie könnten daran zweifeln, den richtigen Partner gefunden zu haben, noch bevor eine Beziehung so richtig begonnen hat.

Gesundheit

Die Steinbock-Körperpartien sind Knie und Schienbein; sie sind deshalb besonders anfällig für Verletzungen. Da Steinbock-Menschen auch leicht an Rheuma und Arthrose erkranken, sollten Sie für möglichst viel Bewegung

Der Mond im Steinbock

sorgen. Haut und Zähne sowie die Knochen werden ebenfalls vom Steinbock regiert. Vermutlich sind Sie eher schlank und haben einen schnellen Stoffwechel, und daher keine Gewichtsprobleme. Falls nicht, könnte regelmäßiges Training von Nutzen sein.

Finanzen

Ihre instinktive Vorsicht kommt Ihnen in Gelddingen zugute und bewahrt Sie davor, Ihr Geld zu verschwenden. Sie schätzen das Gefühl der Sicherheit, das Sparen Ihnen gibt. Obwohl Sie vermutlich keinen finanziellen Rat benötigen, sollten Sie ihn dennoch anhören, und sei es nur, um Ihren eigenen guten Instinkt bestätigt zu sehen.

Familie

Sie könnten recht kühl und distanziert auf Ihre Kinder wirken, obwohl Sie doch liebevoll und freundlich sind. Zeigen Sie ihnen noch deutlicher Ihre Liebe und Zuneigung, wenn sie Trost brauchen. Seien Sie vorausschauend, und es wird kaum jemals zu Konflikten kommen.

DER MOND IM WASSERMANN

BEI IHRER GEBURT STANDEN SOWOHL SONNE ALS AUCH MOND IM WASSERMANN, SIE SIND ALSO UNTER NEUMOND GEBOREN. SEIN ELEMENT IST DIE LUFT; ES BEEINFLUSST DAHER IHRE PERSÖNLICHKEIT IN BESONDEREM MASSE.

Wenn Sie eine Liste aller Eigenschaften betrachten, die dem Sternzeichen Wassermann zugeschrieben werden, werden Sie feststellen, daß besonders viele dieser Merkmale auf Sie zutreffen. Im Durchschnitt halten die meisten Menschen etwa elf bis zwölf von insgesamt zwanzig ihrem Sternzeichen zugeschriebenen Eigenschaften für zutreffend. Bei »Doppel«-Wassermännern erhöht sich diese Quote beträchtlich.

Persönlichkeit

Sie zählen zu den unabhängigsten und distanziertesten Sonne-Mond-Kombinationen des ganzen Tierkreises. Nett und freundlich fast im Übermaß, führen Sie einen einzigartigen, individuellen Lebensstil, den Sie über Jahre hinweg entwickelt haben und immer noch verfeinern. Sie brauchen Ihre geistige Freiheit, aber da Sie ein sehr verschlossener Mensch sind, auch Zurückgezogenheit. Selbst Freunde, die Sie ehrlich lieben, dürften Sie nicht wirklich kennen. Sie sorgen sich nicht um das Privatleben anderer Menschen und erwarten von diesen das Gleiche.

Liebesleben

Im großen und ganzen entspricht Ihre Haltung zur Liebe der Darstellung auf den Seiten 26/27. Ihr Sonnenzeichen kennt vielfältige Ausdrucksformen für Liebe und Sex. Diese Varianten könnten Ihrer Einstellung zu Liebe und Sex bemerkenswerte neue Facetten hinzufügen. Sie üben eine fast magnetische Anziehungskraft auf andere aus, aber Ihre instinktive Reaktion auf mögliche Liebhaber ist, sich bewundern zu lassen – mit gehörigem Abstand.

Gesundheit

Ihre Knöchel, die spezielle Wassermann-Körperpartie, sind besonders verletzlich. Auch könnte Ihr Kreislauf nicht ganz in Ordnung sein. Bei kaltem Wetter sollten Sie sich warm halten,

Der Mond im Wassermann

indem Sie mehrere leichte Kleidungsstücke anstelle eines sehr dicken Pullovers übereinander tragen. Zusätzlich sollten Sie auf Ihre Wirbelsäule und den Rücken achten. Wenn Sie sich entschließen können, auf leichte und nahrhafte Kost umzustellen, dürften Sie kaum Gewichtsprobleme haben.

Finanzen

In Finanzangelegenheiten beweisen Sie Originalität und Improvisationstalent. Beides ist jedoch nicht notwendigerweise hilfreich bei der Vermehrung Ihres Guthabens. Holen Sie für finanzielle Transaktionen immer den Rat eines Fachmanns ein.

Familie

Obwohl Sie mit ihnen kaum Probleme haben dürften, könnte es sein, daß Sie Ihren Kindern nicht genug Wärme entgegenbringen. Das kann sie auf Dauer verunsichern. Bedenken Sie auch, daß sie strengere Maßstäbe brauchen könnten, als Sie für nötig halten.

DER MOND IM
FISCH

SOWOHL WASSERMANN ALS AUCH FISCHE UNTERSTÜTZEN GERN HUMANITÄRE UND KARITATIVE ARBEIT. IHR BEDÜRFNIS, ANDEREN ZU HELFEN, IST SEHR STARK, ABER LASSEN SIE SICH DADURCH NICHT VON IHREN WASSERMANN-QUALITÄTEN ABBRINGEN.

Die Eigenschaften dieser beiden Zeichen sind äußerst verschieden, was Ihrem Charakter einige ungewöhnliche Facetten gibt. Im Gegensatz zu Ihrem sonstigen Charakter schenkt Ihnen der Fische-Mond eine reiche und starke Gefühlswelt, die unversehens zum Vorschein kommen kann.

Persönlichkeit

Ihre Wassermann-Sonne sorgt dafür, daß Sie besonders freundlich, nett und hilfsbereit sind. Da der Wassermann Sie menschenfreundlich und die Fische wohltätig machen, lassen Sie sich manchmal zu beträchtlichen Opfern hinreißen, nur um anderen in Not zu helfen. Sie besitzen viel Kreativität und sollten versuchen, sie auszuleben.

Liebesleben

In der Liebe sind Sie empfindsamer und ausdrucksstärker als andere Wassermann-Geborene. Zweifellos ver- und entlieben Sie sich oft und schnell, denn Ihr Fische-Mond macht es Ihnen leicht, sich mit jenem romantischen Zug zu identifizieren, der tief in der Persönlichkeit des Wassermanns vergraben liegt. Aber Sie brauchen auch Ihren Freiraum. Ebenso nötig ist ein starker Partner, der Sie in allem, was Sie tun, ermutigt und Ihnen hilft, mehr Selbstvertrauen zu gewinnen.

Der schlimmste Fische-Fehler ist ihr Hang zum Schwindeln. Sie irren sich, wenn Sie glauben, daß Sie damit einer schwierigen Situation leichter entkommen. Machen Sie sich ebenfalls nichts vor, wenn Sie sich verlieben.

Gesundheit

Die Körperpartie der Fische sind die Füße, die bei Ihnen deshalb besonders anfällig für Beschwerden sind. Gesundheitssandalen sind eine Lösung. Fische neigen leicht zur Gewichtszunahme, Sie könnten zuviel Fast-food essen oder einfach nicht genügend darauf achten, sich vernünftig zu ernähren. Für Ihr

Der Mond im Fisch

Wohlbefinden und Ihre Figur könnte das verheerende Folgen haben.

Sie mögen eher ungewöhnliche Sportarten: Modern Dance, Rollschuh- oder Eislaufen und Synchronschwimmen werden Ihnen gefallen.

Finanzen

Geld gleitet Ihnen durch die Finger. Möglicherweise geben Sie wesentlich mehr aus, als Sie sich leisten können, was zwar nobel ist, aber zum Problem werden könnte, wenn Sie Ihre Miete nicht mehr bezahlen können. Haben Sie einen geregelten Beruf, wählen Sie eine Sparform, bei der die Beiträge direkt vom Gehaltskonto abgebucht werden. Holen Sie den Rat eines Fachmanns ein.

Familie

Sie sind vernünftig, sensibel und fürsorglich zu Ihren Kindern, sollten aber darauf achten, Ihren Hang zur Unberechenbarkeit zu zähmen, da plötzliche Sinnes- und Stimmungsschwankungen für Kinder nicht gut sind. Sie haben immer eine liebevolle Umarmung für Ihre Kinder übrig, auch wenn mal etwas schiefgeht, und Sie werden kaum Generationskonflikte erleben.

Mondtabellen

Die Mondtabelle nennt Ihnen Ihr persönliches Mondzeichen. Lesen Sie im entsprechenden Kapitel Ihre Eigenschaften.

Suchen Sie in der Mondtabelle auf den Seiten 57 bis 59 Ihr Geburtsjahr und Ihren Geburtsmonat und merken Sie sich das astrologische Symbol am Kreuzungspunkt der beiden. Suchen Sie in der Monatstage-Tabelle auf Seite 56 Ihr Geburtsdatum und merken Sie sich die danebenstehende Zahl. Zählen Sie nun in der Zeichen-Tabelle daneben von dem astrologischen Symbol aus der Mondtabelle so viele Stellen nach unten, wie die Zahl aus der Tabelle neben Ihrem Geburtstag angibt. Springen Sie bei Bedarf von *Fische* zu *Widder*. So finden Sie Ihr Mondzeichen.

Beispiel: 21. Mai 1991. Unter Mai 1991 findet man in der Mondtabelle das Symbol Schütze (♐). Neben der Geburtszahl 21 steht die 9. Man zählt nun in der Zeichen-Tabelle von Schütze 9 Stellen nach unten und kommt zur Jungfrau (♍). Das Mondzeichen für den 21. Mai 1991 ist also Jungfrau.

Beachten Sie, daß der Mond sehr rasch wandert! Falls Sie das Gefühl haben, die Attribute Ihres Mondzeichens treffen nicht auf Sie zu, lesen Sie die Kapitel über das jeweilige Mondzeichen davor bzw. danach; in einem dieser drei finden Sie sich auf jeden Fall wieder.

Monatstage-Tabelle

Und Zahl der zum astrologischen Symbol zu addierenden Stellen

Tag	Plus	Tag	Plus	Tag	Plus	Tag	Plus
1	0	9	4	17	7	25	11
2	1	10	4	18	8	26	11
3	1	11	5	19	8	27	12
4	1	12	5	20	9	28	12
5	2	13	5	21	9	29	1
6	2	14	6	22	10	30	1
7	3	15	6	23	10	31	2
8	3	16	7	24	10		

Sternzeichen

♈	Widder
♉	Stier
♊	Zwillinge
♋	Krebs
♌	Löwe
♍	Jungfrau
♎	Waage
♏	Skorpion
♐	Schütze
♑	Steinbock
♒	Wassermann
♓	Fisch

	1923	1924	1925	1926	1927	1928	1929	1930	1931	1932	1933	1934	1935
JAN	♊	♏	♈	♌	♐	♈	♍	♑	♉	♎	♓	♋	♏
FEB	♌	♐	♉	♍	♑	♊	♏	♓	♋	♐	♈	♌	♑
MRZ	♌	♑	♉	♍	♒	♋	♏	♓	♋	♐	♉	♍	♑
APR	♎	♓	♋	♏	♈	♍	♑	♉	♍	♒	♊	♎	♓
MAI	♏	♈	♌	♐	♉	♎	♒	♊	♎	♓	♋	♐	♈
JUN	♑	♉	♍	♒	♋	♏	♓	♌	♐	♉	♍	♑	♊
JUL	♒	♋	♏	♓	♌	♐	♈	♍	♑	♊	♎	♓	♋
AUG	♈	♌	♐	♉	♍	♒	♊	♏	♓	♋	♐	♈	♌
SEP	♉	♎	♒	♋	♏	♓	♌	♐	♈	♍	♑	♊	♎
OKT	♊	♏	♓	♌	♐	♉	♍	♑	♉	♎	♓	♋	♏
NOV	♌	♑	♉	♍	♑	♊	♏	♓	♋	♐	♈	♌	♑
DEZ	♍	♒	♊	♎	♓	♌	♐	♈	♌	♑	♉	♍	♒

	1936	1937	1938	1939	1940	1941	1942	1943	1944	1945	1946	1947	1948
JAN	♈	♌	♑	♉	♍	♒	♊	♎	♓	♌	♐	♈	♍
FEB	♉	♎	♒	♊	♏	♈	♌	♐	♉	♍	♑	♊	♎
MRZ	♊	♎	♒	♋	♐	♈	♌	♐	♉	♎	♒	♊	♏
APR	♌	♐	♈	♌	♑	♉	♎	♒	♋	♏	♓	♌	♑
MAI	♍	♑	♉	♎	♒	♊	♏	♓	♌	♐	♉	♍	♒
JUN	♎	♒	♋	♏	♈	♌	♑	♉	♎	♒	♊	♏	♓
JUL	♏	♈	♌	♑	♉	♍	♒	♊	♏	♓	♌	♐	♈
AUG	♑	♉	♎	♒	♋	♏	♈	♌	♐	♉	♍	♑	♊
SEP	♓	♋	♏	♈	♌	♑	♉	♍	♒	♋	♏	♓	♌
OKT	♈	♌	♑	♉	♎	♒	♊	♎	♓	♌	♐	♈	♍
NOV	♊	♎	♒	♊	♏	♈	♌	♐	♉	♍	♑	♊	♏
DEZ	♋	♏	♓	♌	♑	♉	♍	♑	♊	♎	♒	♋	♐

	1949	1950	1951	1952	1953	1954	1955	1956	1957	1958	1959	1960	1961
Jan	♑	♊	♎	♓	♋	♏	♈	♌	♑	♉	♍	♒	♋
Feb	♓	♋	♐	♈	♍	♑	♉	♎	♒	♊	♏	♈	♌
Mrz	♓	♋	♐	♉	♍	♑	♊	♏	♓	♋	♏	♈	♌
Apr	♉	♍	♒	♊	♎	♓	♋	♐	♈	♌	♑	♊	♎
Mai	♊	♎	♓	♋	♐	♈	♍	♑	♉	♎	♒	♋	♏
Jun	♌	♐	♈	♍	♑	♊	♎	♓	♋	♐	♈	♌	♑
Jul	♍	♑	♊	♎	♓	♋	♏	♈	♌	♑	♉	♍	♒
Aug	♏	♓	♋	♐	♈	♍	♑	♉	♎	♒	♊	♏	♈
Sep	♐	♈	♍	♑	♊	♎	♒	♋	♐	♈	♌	♑	♊
Okt	♑	♊	♎	♓	♋	♏	♓	♌	♑	♉	♍	♒	♋
Nov	♓	♋	♏	♈	♍	♑	♉	♎	♒	♊	♏	♈	♌
Dez	♈	♌	♑	♊	♎	♒	♊	♏	♓	♌	♐	♉	♍

	1962	1963	1964	1965	1966	1967	1968	1969	1970	1971	1972	1973	1974
Jan	♏	♓	♌	♐	♈	♍	♑	♊	♎	♒	♋	♐	♈
Feb	♐	♉	♍	♒	♊	♏	♓	♋	♏	♈	♍	♑	♉
Mrz	♐	♉	♎	♒	♊	♏	♈	♌	♐	♉	♍	♑	♊
Apr	♒	♋	♏	♈	♌	♑	♉	♍	♒	♊	♏	♓	♋
Mai	♓	♌	♐	♉	♍	♒	♊	♎	♓	♋	♐	♈	♍
Jun	♉	♎	♒	♊	♏	♓	♌	♐	♉	♍	♑	♊	♎
Jul	♊	♏	♓	♌	♐	♈	♍	♑	♊	♎	♓	♋	♐
Aug	♌	♐	♉	♎	♒	♊	♏	♓	♋	♏	♈	♍	♑
Sep	♍	♒	♋	♏	♓	♋	♐	♉	♍	♑	♊	♎	♓
Okt	♏	♓	♌	♐	♈	♍	♒	♊	♎	♒	♋	♐	♈
Nov	♐	♉	♎	♒	♊	♎	♓	♋	♐	♈	♍	♑	♉
Dez	♑	♊	♏	♓	♋	♐	♈	♌	♑	♉	♎	♒	♊

	1975	1976	1977	1978	1979	1980	1981	1982	1983	1984	1985	1986	1987
JAN	♌	♑	♉	♍	♒	♊	♏	♓	♌	♐	♉	♍	♑
FEB	♎	♒	♋	♏	♈	♌	♐	♉	♍	♒	♊	♎	♓
MRZ	♎	♓	♋	♏	♈	♍	♑	♉	♎	♒	♊	♏	♓
APR	♐	♈	♍	♑	♊	♎	♒	♋	♏	♈	♌	♑	♉
MAI	♑	♉	♎	♒	♋	♏	♓	♌	♐	♉	♍	♒	♊
JUN	♓	♋	♐	♈	♌	♑	♉	♎	♒	♊	♏	♓	♌
JUL	♈	♌	♑	♉	♍	♒	♋	♏	♓	♌	♐	♉	♍
AUG	♉	♎	♓	♋	♏	♈	♌	♐	♈	♎	♒	♊	♎
SEP	♋	♐	♈	♌	♐	♊	♎	♒	♊	♏	♓	♌	♐
OKT	♌	♑	♉	♍	♒	♋	♏	♓	♋	♐	♉	♍	♑
NOV	♎	♓	♋	♏	♓	♌	♐	♉	♍	♒	♊	♎	♓
DEZ	♏	♈	♌	♐	♉	♍	♑	♊	♎	♓	♋	♐	♈

	1988	1989	1990	1991	1992	1993	1994	1995	1996	1997	1998	1999	2000
JAN	♊	♎	♒	♋	♏	♈	♌	♑	♉	♎	♒	♊	♏
FEB	♋	♐	♈	♍	♑	♉	♎	♒	♋	♏	♈	♌	♐
MRZ	♌	♐	♉	♍	♒	♊	♎	♓	♋	♏	♈	♌	♑
APR	♍	♒	♊	♏	♓	♋	♐	♈	♍	♑	♊	♎	♓
MAI	♏	♓	♌	♐	♈	♍	♑	♉	♎	♒	♋	♏	♈
JUN	♐	♉	♍	♑	♊	♎	♓	♋	♐	♈	♌	♑	♉
JUL	♑	♊	♎	♒	♋	♐	♈	♌	♑	♉	♎	♒	♋
AUG	♓	♌	♐	♈	♍	♑	♉	♎	♓	♋	♏	♓	♌
SEP	♉	♍	♑	♊	♏	♓	♋	♏	♈	♌	♑	♉	♎
OKT	♊	♎	♒	♋	♐	♈	♌	♑	♉	♎	♒	♊	♏
NOV	♌	♐	♈	♍	♑	♉	♎	♒	♋	♏	♈	♌	♑
DEZ	♍	♑	♉	♎	♒	♋	♏	♈	♌	♐	♉	♍	♒

DAS

SONNENSYSTEM

DIE STERNE HABEN, MIT AUSNAHME DER SONNE, IN DER ASTROLOGIE KEINE BEDEUTUNG. DIE ASTROLOGEN BENUTZEN JEDOCH DIE KONSTELLATION DER PLANETEN IM SONNENSYSTEM, UM DARAUS DEN CHARAKTER UND DIE ZUKUNFT EINES MENSCHEN ZU BESTIMMEN.

Pluto
Pluto umkreist die Sonne einmal in 246 Erdjahren. Er beeinflußt unsere Instinkte und Wünsche und verleiht uns Kraft in Notsituationen. Er verstärkt auch unseren Hang zur Grausamkeit.

Neptun
Neptun bleibt in jedem Sternzeichen 14 Jahre. In günstigen Fällen verleiht er uns Sensibilität und Phantasie; in schlechten ruft er Egoismus und Hinterlist hervor.

Uranus
Sein Einfluß macht uns freundlich, charmant und erfinderisch, aber auch exzentrisch und unberechenbar.

Saturn
Im Altertum war Saturn der am weitesten entfernte Planet. Er dämpft unseren Ehrgeiz und macht uns entweder übervorsichtig (aber praktisch gesinnt) oder zuverlässig und selbstbeherrscht.

PLUTO

NEPTUN

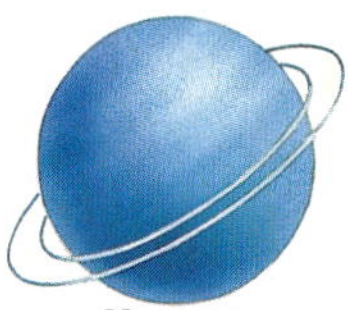

URANUS

SATURN

Jupiter
Jupiter weckt Optimismus, Großzügigkeit und Phantasie in uns, kann uns aber auch zu verschwenderischen und extravaganten Menschen machen.

Mars
Mars steht für Kraft, Aggressivität, Zorn, Egoismus und starke Sexualität, aber auch für Entscheidungsfreude und Führungsqualitäten.

Der Mond
Obwohl der Mond nur als Satellit die Erde umkreist, zählt er in der Astrologie zu den Planeten. Er ist rund 384 000 km von der Erde entfernt und ist, astrologisch gesehen, nach der Sonne der zweitwichtigste Planet.

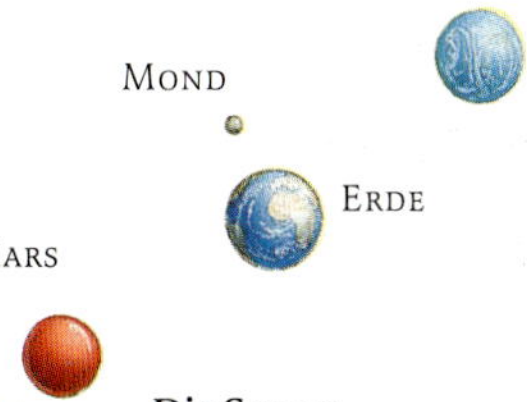

Die Sonne
bestimmt unsere Persönlichkeit und die Art, wie wir in der Welt auftreten.

Venus
Der Planet der Liebe und Freundschaft verstärkt unsere positiven persönlichen Eigenschaften, kann uns aber auch faul, unpraktisch und abhängig machen.

Erde
Jeder Planet steuert seinen Teil zum gesamten Sonnensystem bei. Jemand, der auf der Venus geboren wurde, würde zweifellos auch vom Planeten Erde in irgendeiner Form beeinflußt.

Merkur
Der am nächsten zur Sonne stehende Planet verleiht uns Wißbegierde, Überzeugungskraft, Klugheit, Gewandtheit; er kann uns aber auch inkonsequent, zynisch und sarkastisch machen.